短詩型・格はいく集④

# 〈不惜《ふしゃく》身命《しんみょう》の姿・特別編〉

大川隆法
Ryuho Okawa

# 短詩型・格はいく集④〈不惜身命の姿・特別編〉　目次

短詩型・格はいく集④〈不惜身命《ふしゃくしんみょう》の姿・特別編〉　7
特別収録　『詩集』〈夢のひとコマ〉　55
『詩集』〈夢のひとコマ〉について　60
発刊に寄せて　62

# 短詩型・格はいく集④〈不《ふ》惜《しゃく》身《しん》命《みょう》の姿・特別編〉

①

世間《せけん》は認《みと》めなくとも　大切《たいせつ》な仕事《しごと》はモグラのように進《すす》めるべし

☆まだあきらめるのは三十年早い。この国も世界も、違う未来があるはずだ。

2023・1・29

②

渡部昇一氏《わたなべしょういちし》　帰天六年《きてんろくねん》　生涯現役《しょうがいげんえき》を見習《みなら》いたい

☆八十六歳で惜しいといわれる人物にならねばね。

2023・1・29

③

妖怪《ようかい》と政治《せいじ》の勉強《べんきょう》を進《すす》める　未知《みち》なる世界《せかい》はどこににもある

☆まだ言うべきことがあるとは大切だ。

2023・1・29

④

うぐいす餅《もち》買《か》いて　神楽坂《かぐらざか》ゆるりと下《くだ》りたり

☆散歩のみやげ。今日は、石段のある小路にたくさん踏み込んだ。

2023・1・30

⑤ ジョン・レノンの好《す》きな中華《ちゅうか》『格《かく》はいく③』の打《う》ち上《あ》げに

☆軽井沢と同じ味でした。

2023・1・30

⑥

お濠《ほり》ばたのカフェ　電車《でんしゃ》の行《ゆ》き来《き》が面白《おもしろ》かり

☆桜のかれ木があと五十日で満開か。黒ゴイたくさん泳ぐ。
水面には一面の光。隆《りゅう》ちゃんに電車の動画をと妻。

2023・1・30

⑦

夏目漱石《なつめそうせき》が　買物《かいもの》に歩《ある》きたる　神楽坂《かぐらざか》

☆中央の日蓮《にちれん》宗の寺は、「阿波踊《あわおど》り」の出発点らしい。

2023・1・30

⑧

心《こころ》なき一月《いちがつ》終《お》わり　仕事《しごと》マシーン休《やす》む

☆「忙《いそが》」しかった。心を亡《な》くしてしまいそうな一月だった。
しかし、本年は始動した。

２０２３・１・31

## ⑨

## UFO写真鑑定《しゃしんかんてい》す　埼玉《さいたま》スーパーアリーナ　三機動画《さんきどうが》に映《うつ》る

☆雨雲で無理かと思ったスーパーアリーナでも三機動画。
善福寺や川島町の上空、城南高校上空でも写真とれる。

2023・1・31

⑩

三十四《さんじゅうし》になる鬼子《おにご》　反《はん》カルトの政治活動《せいじかつどう》をやってるとか
統一協会《とういつきょうかい》と幸福《こうふく》の科学《かがく》の違《ちが》いも分《わ》からなかったか

☆「或《あ》る阿呆《あほう》の一生《いっしょう》」という小説が書けそうだ。全て己れ一人の責任だ。妻捨て、子捨て、まだ被害者のつもりか。演技がへたなのも、脚本がへたなのも、言論人としての資質がないのも、勉強を怠《おこた》った己れの罪にほかならず。世間の厳しさを知るがよい。

2023・2・1

⑪　本一冊《ほんいっさつ》　没《ぼっ》とする　出《だ》さない「智恵《ちえ》」もある

☆『新・あなたの知らない地獄の話。』没《ぼっ》とする。一章分削って、新しい法話を一章加えたのみ。二番せんじは、もういい。

2023・2・1

⑫

隆一《りゅういち》、夕食《ゆうしょく》も忘《わす》れて『日本昔話《にほんむかしばなし》』の新版《しんぱん》を見《み》つづける

☆かなり分かるようになって来た。五月で満五才。子供時代TVでこのアニメを観た世代は信仰心があるとか。

2023・2・1

⑬
明日《あす》の対談《たいだん》に備《そな》えて「ひつまぶし」を食《た》べに行《い》く
君《きみ》は　自分《じぶん》のウナギの切《き》れっ端《はし》を　僕《ぼく》のお椀《わん》に移《うつ》して
汁《しる》かけごはんばかり　食《た》べていた

☆名古屋料理はウナギのまぜごはんを食べる。
君はウナギを僕の方に移して、汁《しる》かけごはんを「おいしいおいしい」と食べていた。ウナギは苦手だったのにね。
有難う。

２０２３・２・２

⑭

朝《あさ》　山《やま》の家《いえ》を引《ひ》き払《はら》う夢《ゆめ》を見《み》た
カタツムリ二匹《にひき》を近所《きんじょ》のオバチャンにあげた

☆妻は、妖怪塩《しお》かけババアが、二匹のナメクジに塩をかけた
のよ、と語った。ただ今、「妖怪大事典」読破中の私。

2023・2・2

⑮

娘《むすめ》の誕生日《たんじょうび》祝《いわ》い買《か》う　丸《まる》い球《きゅう》が輝《かが》やいていた

２／16はまだ来ないが、何でも予習型のわが家。早めに準備しておく。孫二人元気だ。

２０２３・２・２

⑯

予言当《よげんあ》たり　第一《だいいち》の使命成就《しめいじょうじゅ》せり　と妻《つま》の言《い》う

☆国防の危険、大切さについて言ってきたことは、全部当ったのではないかと妻は言う。次は第二段階。

2023・2・2

⑰

第三《だいさん》はいく集《しゅう》『神《かみ》は詩《うた》う』　妻《つま》と対談《たいだん》す　とても上手《じょうず》に話《はな》せたね

☆2時間14分話したが、あっというまだった。妻も腕を上げている。ただこの後、私は五日ほどダウンした。

2023・2・3

⑱

今日《きょう》も　天狗《てんぐ》と妖怪《ようかい》の研究《けんきゅう》で　真夜中《まよなか》だ

☆なかなかカチッと正体をつかみ切れない。

2023・2・3

⑲

立春《りっしゅん》の　夜《よる》のベランダ　バラのトゲをつかむ

☆美しい花を咲かせるバラにトゲあり。自己防衛せんとする以上、魂はあるかも。バンドエイド久々《ひさびさ》の出陣。

2023・2・5

⑳

早春《そうしゅん》の朝風呂《あさふろ》　伸《の》びたヒゲをそる　まだ生《い》きている

☆一晩寝ただけで、ヒゲが伸びている。不思議だ。

２０２３・２・５

㉑

国民《こくみん》の97％ロシアに不快感《ふかいかん》　我《われ》まだロシア語《ご》のラジオ講座《こうざ》を聞《き》く

☆世論なんて簡単に変わってしまう。自分は自分。

2023・2・5

㉒

パパ一人《ひとり》倒《たお》れたるかな「ダイダラボッチ」巨山《きょざん》を崩《くず》す

☆伝説の巨人ダイダラボッチ。私、発熱《はつねつ》す。疲れ発生か39.1度記録す。

2023・2・5

㉓

言論《げんろん》の不自由《ふじゆう》　各紙肯定《かくしこうてい》す

ＬＧＢＴＱを否定《ひてい》すれば即辞任《そくじにん》

☆首相秘書官、「ＬＧＢＴＱの人が隣に住んでいたらいやだ」と発言したら、オフレコ発言でも即辞任。

２０２３・２・５

㉔

妖怪《ようかい》の頭目《とうもく》と疑《うたが》われ　天照抵抗《あまてらすていこう》す　微熱続《びねつつづ》く

☆おととい、39.1℃、昨日、38.2℃、今日夜37.6℃もう一意気だ。日本神道に「地獄論」がないとの指摘、よほどこたえたか。

２０２３・２・７

## ㉕

## 教《おし》えなき日本神道《にほんしんとう》　アニミズムを脱《だっ》せるか

☆天照の天敵はトーマス・エジソンだとか。昼間は活動し、夜は眠るしかなかった時代。食料に関しては、日本神道は唯物論と親和性があるが、科学主義とは親和性がない。一般に精神性は低く、汚《けが》れ、呪《のろ》い、祟《たた》りを恐れる。予防のための払いはできても、実際の悪霊は払えない。現世利《げんせり》益《やく》のみ。天国の階層も、地獄の階層もない。

２０２３・２・７

㉖

一日千歩《いちにちせんぽ》が二日《ふつか》続《つづ》く　昨年《さくねん》からの疲《つか》れ重《おも》く

☆気温は少し上がってきたのに、まだ回復しない。外を歩けたり、買物したり、食事できるのも幸福なんだな。手の指も何本も痛い。

２０２３・２・７

㉗

来年《らいねん》　結婚百周年《けっこんひゃくしゅうねん》の夢《ゆめ》　妻《つま》　ロシア民族衣装《みんぞくいしょう》を着《き》
吾《われ》　卵大《たまごだい》のダイヤモンドを探《さが》す

☆西暦二一一二年の夢かと計算する。ガラスのドームのような自宅で、下には、多国籍の子供たちがいた。妻はカチューシャをつけていた。「日本がロシア領土になったのか」とも思ったが、世界は平和だった。夜中に何度か「ロシア語講座テキスト」を読んでいたせいかもしれない。紫央《しお》さんはまだ若かった。私は一体何歳になるのか。

2023・2・8

㉘

やっと平熱《へいねつ》　久《ひさ》しぶりに三日間《みっかかん》　眠《ねむ》り続《つづ》けた

☆やっと少し本が読めるようになった。『地獄に堕ちないための言葉』出版される。かなり力が要《い》ったのかな。

２０２３・２・８

㉙

『二十二世紀《にじゅうにせいき》の君《きみ》』と『人魚《にんぎょ》の泪《なみだ》』の二曲《にきょく》　歌《うた》う

☆仕事再開は、作詞と作曲の原曲づくり。今日は、東京も朝から雪もよう。

2023・2・10

㉚

幸福《こうふく》な二十二世紀《にじゅうにせいき》が来《く》るという夢《ゆめ》を信《しん》じよう

☆あまり地獄に引っ張りすぎてもよくないだろう。

2023・2・10

㉛

朝《あさ》の嵐《あらし》　パンダのパンチ　受《う》け止《と》める　建国記念日《けんこくきねんび》

☆妖怪談義で荒れる。鬼の扱い微妙《びみょう》。ろくろっ首《くび》現れる。

妖怪の抵抗、いと強し。

２０２３・２・11

㉜

月《つき》のような星《ほし》の上《うえ》に立《た》っていた　しかし気《き》がつけば、
表面《ひょうめん》は金属《きんぞく》の多面体《ためんたい》だった

☆スターウォーズのデススターのような巨大な宇宙船の夢。
星だと思っていたが、表面は金属板だった。初めての巨
大さ。

２０２３・２・11

㉝

バラの原産地《げんさんち》はチベット　パンダと同《おな》じなり

☆バラはチベットを中心に周辺の国に原生《げんせい》していた。
釈尊《しゃくそん》のカピラバーストの庭には色とりどりのバラの花が
咲いていた。

２０２３・２・12

㉞

バラと同《おな》じ原産地《げんさんち》という奇跡《きせき》に　パンダ喜《よろこ》ぶ

☆何とバラもエベレストを眺《なが》めていたとは。

２０２３・２・12

㉟

花《はな》の名《な》をよく知《し》ってますねと言《い》われて　我《われ》恥《は》じらう

☆同じ心。

2023・2・12

㊱

あらゆる抵抗《ていこう》を排《はい》して『妖怪《ようかい》にならないための言葉《ことば》』を
書《か》き始《はじ》める

☆大変ではあったが、妖怪の総勢力を集めても、釈尊《しゃくそん》には勝てない。

2023・2・12

㊲

「妖《よう》ばなし」書《か》き終《お》え　バレンタイン・デー　冷《ひ》え　暮《く》れる

☆風が冷たかったな。

2023・2・14

㊳

映画《えいが》『鬼滅《きめつ》の刃《やいば》』　若《わか》いから　激《はげ》しかったのか

☆映画館で、人気あるが激し。

2023・2・14

㊴

大悟館危機《たいごかんきき》　明日《あす》の長女誕生日《ちょうじょたんじょうび》を巡《めぐ》って　結界割《けっかいわ》れる

☆弟子の論理と先住民（大川家）の論理が、いつもぶつかってきた。頭が痛い。

2023・2・15

㊵

大川家五人兄弟姉妹《おおかわけごにんきょうだい》　最後《さいご》の咲也加《さやか》　乗《の》り越《こ》せるか

☆王権神授説《おうけんしんじゅせつ》と三宝帰依《さんぽうきえ》の戦い。もっとも、総裁《そうさい》も長女も、孫も、カゴの鳥であることは同じ。宮づかえもつらいか。

2023・2・15

㊶

妖怪談義《ようかいだんぎ》　真冬《まふゆ》の嵐《あらし》　収《おさ》まらず

☆人間らしくなってもらうとは、どうすればよいのか。
単に仕事が出来ないということか。気配《きくば》りか。上下関係か。

２０２３・２・15

㊷

「妖怪対談《ようかいたいだん》」の夜《よる》　一言主神《ひとことぬしのかみ》　さんざんに総裁《そうさい》をこきおろす

☆日本神道全体を敵に回したとか、一言主神社がつぶれるとか。

藤井さん守護霊より、開成《かいせい》生なら東大に行ってから天狗を名乗れと忠告。

2023・2・16

㊸

あと一回《いっかい》で　三千五百回説法《さんぜんごひゃっかいせっぽう》　バカだ、チョンだ、早《はや》く死《し》ね、
と言《い》われても　亀《かめ》の如《ごと》く歩《あゆ》むよりほかに道《みち》はなし

☆天才に非《あら》ざる我、積み重ね以外に誇るべきもの何もなし。
質の低下を怖れている。たとえ、息子や娘に恨《うら》まれようとも、私は世界の人々の一人にでも教えを伝えたい。

2023・2・16

㊹

三千五百回目《さんぜんごひゃっかいめ》の説法《せっぽう》は、「妖怪《ようかい》お多福《たふく》」の　妖魔性《ようませい》と

の対決《たいけつ》となった　二千六百年前《にせんろっぴゃくねんまえ》の「降魔成道《ごうまじょうどう》」を思《おも》い出《だ》した

☆日本神道、最後の総力戦。世界標準の教え勝てるか。神

が人を呪《のろ》うとか祟《たた》るというのは、やはり本筋ではない。

2023・2・18

㊺

一進一退《いっしんいったい》で　今日《きょう》も生《い》きている　一日何度《いちにちなんど》か呼吸困難《こきゅうこんなん》

☆怖れすぎてもいけない。呼吸困難・発熱・窒息《ちっそく》、かと思っていたが、二時間ぐらいいすぎるとおさまってくる。歌手・俳優の白石麻衣《しらいしまい》と柴咲コウ（各守護霊）を体内に入れると発作は止まった。意外に別筋《べつすじ》だった。

２０２３・２・21

㊻

「鏡《かがみ》の法《ほう》」娘《むすめ》には使《つか》えず　三十二年《さんじゅうにねん》の思《おも》い出《で》が邪魔《じゃま》をする

☆大川隆法に呪いをかけても、「鏡の法」を使えば全部はね返る。ただ実の娘のブードゥー教的呪いには、ついに十分に使えなかった。私も父が六十五～六十八才の頃、一緒に仕事をやるのがつらかったことをついつい思い出す。私の方が頭がボケていないとは思うが。

2023・2・21

㊼

生《い》き霊《りょう》の挑戦《ちょうせん》か、それとも　心臓《しんぞう》不調《ふちょう》の区別《くべつ》が
分《わ》からなくなる　深切《しんせつ》な社会《しゃかい》では　どちらも同《おな》じなのだ

☆お腹《なか》まわりが太ったと思うと、「$O^2$」の取り過ぎであったりする。

2023・2・24

特別収録

# 『詩集』〈夢のひとコマ〉

「過《す》ぎ去《さ》りし青春《せいしゅん》」

2023・2・12

僕《ぼく》はまだ二十代《にじゅうだい》であったろう。
あなたの家《うち》のまき囲《がこ》いのまわりを、
ぐるぐると回《まわ》っていた。

あなたはごく自然《しぜん》に、
玄関《げんかん》から出《で》てくると、

僕《ぼく》と同《おな》じ方向《ほうこう》に歩《ある》き始《はじ》めた。

「とうとう来《き》ちゃいましたね。」

と、あなたは少《すこ》し、微笑《びしょう》を浮《う》かべた。

あなたはまだ、二十代半《にじゅうだいなか》ばに見《み》えた。

「お手紙《てがみ》だけでなくてよかったわ。」

僕《ぼく》は何《なに》も答《こた》えられなかった。


「『君《きみ》よ、この風《かぜ》の声《こえ》を聞《き》かないか。』

ってどういう意味《いみ》？」

「風《かぜ》には声《こえ》なんかないよ。」と僕《ぼく》。

「ほら、横浜《よこはま》の浜風《はまかぜ》は、かすかな音《おと》しかしないでしょう。」
「あなたは、四十年後《よんじゅうねんご》の未来《みらい》から、
私《わたし》の家《うち》を見《み》に来《き》たってこと知《し》ってる？」

「僕《ぼく》には、
僕《ぼく》には、あなたに会《あ》わせる顔《かお》がなかったんだ。」

と僕《ぼく》はうつむいた。

「でも、ずいぶん遠《とお》まわりしたわね。」

僕《ぼく》たちは、過去《かこ》の夢《ゆめ》の中《なか》でだけしか出逢《であ》えない。

僕《ぼく》は、あなたに会《あ》える自分《じぶん》になるために、
四十年《よんじゅうねん》も使《つか》ってしまった。
僕《ぼく》は、もう、今《いま》のあなたを知《し》らない・・・。

## 『詩集』〈夢のひとコマ〉について

特別収録の『詩集』〈夢のひとコマ〉は、大川隆法総裁が、「若いころに書いていた詩を、もう一度書いてみたい」と構想され、書き始められたものです。

今回は「過《す》ぎ去《さ》りし青春《せいしゅん》」という一つの詩を収録したところまでとなっていますが、この次にご執筆《しっぴつ》されようとしていた詩は、次の二つの夢についての詩です。

一つは、沖縄《おきなわ》かどこかの海辺に、総裁のコテージがあって、そこに総裁がおられて、孫の隆一《りゅういち》君が廊下《ろうか》を走っているという夢についてです。

また、もう一つは、本書の格はいく㉙のなかの『二十二世紀の君』という詩に出てくる「ガラス・ドームの屋上の九階」で、孫の隆一君もいて、小さな姿のまま、総裁のまわりを走っていた夢についてです。

この二つの夢をあわせて、孫の隆一君の姿を、詩に書こうとされていたことを付記させていただきます。

幸福《こうふく》の科学総裁補佐《かがくそうさいほさ》　大川紫央《おおかわしお》

## 発刊に寄せて

本書は、幸福の科学・大川隆法総裁による短詩型《たんしけい》の自由律詩「格はいく」として綴《つづ》られた句集シリーズ①〜③に続く四十七句が収録された第四集です。あわせて、『詩集』〈夢のひとコマ〉より「過《す》ぎ去《さ》りし青春《せいしゅん》」も特別収録しております。

この「格はいく」とは、戦前から戦後にかけて活動した「樹海（きのうみ）」という同人誌の流れを汲《く》む、五・七・五の定型にこだわらずに思いを言い切る自由律詩であり、大川隆法総裁が日記がわりに

「宗教家の日常と霊的秘密《れいてき》」を詠《よ》んだ俳句集として数十年ぶりに復活させたものです。

「格はいく」シリーズは、二〇二二年に第一集が刊行されて以来、会の内外から多くの反響《はんきょう》が寄せられていますが、さまざまな書籍《しょせき》や説法《せっぽう》で公開されている大川隆法総裁の舞台裏《ぶたいうら》が、格はいくを通じて、「霊能者にして宗教家の毎日」を窺《うかが》い知ることができる貴重《きちょう》な記録でもあります。

そこには、行事の前後にあった出来事や、霊的環境《かんきょう》の秘密、心境等が飾《かざ》らずに明かされており、大川隆法総裁がどのような思いで日々の修養《しゅうよう》を重ね、研鑽《けんさん》を積んでいるのかという事実が胸に迫《せま》ります。

とりわけ、二〇二三年一月二十九日から二月二十四日にかけて詠まれた、本書の一カ月間は、その一句一句に、限りなく重みをもって真理の探究と伝道に貫《つらぬ》かれる姿が描《えが》き出されています。
本書が、どこまでも全人類救済への思いを持ち続ける大川隆法総裁のお志《こころざし》に触《ふ》れ、その大願成就《だいがんじょうじゅ》への道を共に歩まれる機縁《きえん》となりますことを、心より祈《き》念《ねん》いたします。

二〇二三年　三月五日

幸福《こうふく》の科学《かがく》　総合本部《そうごうほんぶ》

## 『短詩型・格はいく集④〈不惜身命の姿・特別編〉』関連書籍

『地獄の法』（大川隆法 著　幸福の科学出版刊）
「短詩型・格はいく集①『魔境の中の光』」（同右）
「短詩型・格はいく集②『一念三千書を超える』」（同右）
「短詩型・格はいく集③『神は詩う』」（同右）
『地獄に堕ちないための言葉』（同右）
『妖怪にならないための言葉』（同右）
『青春詩集 愛のあとさき』（同右）

短詩型《たんしけい》・格《かく》はいく集《しゅう》④〈不惜身命《ふしゃくしんみょう》の姿《すがた》・特別編《とくべつへん》〉

2023年3月6日　初版第1刷

著　者　　大《おお》　川《かわ》　隆《りゅう》　法《ほう》

発行所　　幸福の科学出版株式会社

〒107-0052 東京都港区赤坂2丁目10番8号
TEL(03)5573-7700
https://www.irhpress.co.jp/

印刷・製本　株式会社 研文社

落丁・乱丁本はおとりかえいたします



ISBN978-4-8233-0417-0 C0092

# 大川隆法の俳句・短歌に出合う

## 思いを言い切る「格はいく」

五・七・五の定型にこだわらない、思いを言い切る「格はいく」です。街角の風景、世界情勢、生霊や悪魔との対決まで──。日々の出来事に隠された驚くべき「霊的秘密」、そして著者の「本心」が、はいくのかたちで綴られます。

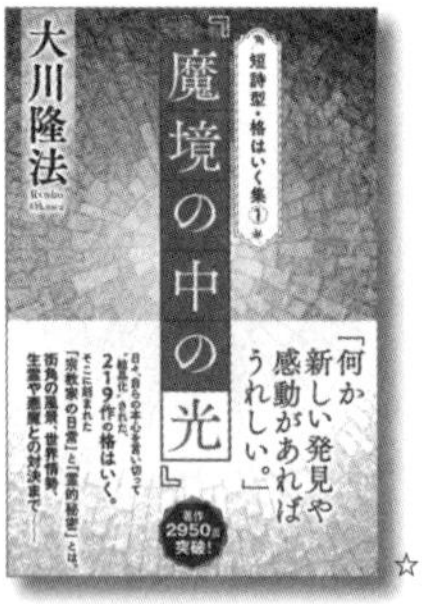


☆

短詩型・格はいく集①
『魔《ま》境《きょう》の中の光』

☆

短詩型・格はいく集②
『一念三千書《いちねんさんぜんしょ》を超える』

☆

短詩型・格はいく集③
『神《かみ》は詩《うた》う』

---

## 青春の日の心情を紡ぐ

**大川隆法**
**俳句・短歌 習作ノート**

日常の風景、季節の風情、家族や愛する人への想い、未来への旅路……。大学３～４年のころの「青春の日の主の心境」が明らかにされた俳句・短歌集です。

★

☆…幸福の科学出版刊　★…宗教法人幸福の科学刊（会内経典）
★の詳細は、最寄りの幸福の科学の精舎・支部・拠点までお問い合わせください。

## 大川隆法 ベストセラーズ・書き下ろし箴言集

# 妖怪にならないための言葉

嘘、偽善、自己保身……、心の「妖怪性」はあなたの中にもある——。現代社会にも生息する妖怪の実態に迫り、「裏側世界」の真実に迫る一書。

---

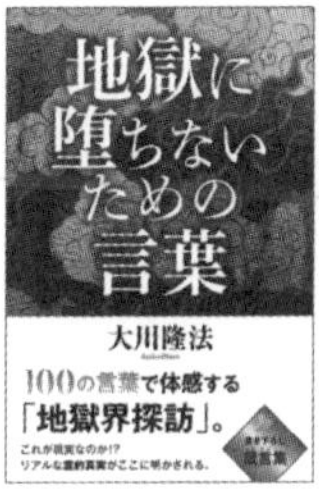


地獄に堕ちないための言葉

病の時に読む言葉

コロナ時代の経営心得

人格をつくる言葉

仕事への言葉

人生への言葉

各1,540円

幸福の科学出版

※表示価格は税込10%です。

**著作3100書突破!**　大川隆法シリーズ・最新刊

法シリーズ 第29巻

# 地獄の法

## あなたの死後を決める「心の善悪」

詳細はコチラ

どんな生き方が、死後、天国・地獄を分けるのかを明確に示した、姿を変えた『救世の法』。現代に降ろされた「救いの糸」を、あなたはつかみ取れるか?

**第１章　地獄入門**
―― 現代人に身近に知ってほしい地獄の存在

**第２章　地獄の法**
―― 死後、あなたを待ち受ける「閻魔」の裁きとは

**第３章　呪いと憑依**
―― 地獄に堕ちないための「心のコントロール」

**第４章　悪魔との戦い**
―― 悪魔の実態とその手口を明らかにする

**第５章　救世主からのメッセージ**
―― 地球の危機を救うために

地獄の法
あなたの死後を決める「心の善悪」
大川隆法
迷信やおとぎ話ではない――
法シリーズ 第29巻
現代にも、地獄は厳然と実在する。
著作3100書突破!
かつてない地球の危機を救うために
「法シリーズ」最新刊

2,200円

# 小説　地獄和尚《おしょう》

「あいや、待たれよ。」行く手に立ちはだかったのは、饅頭笠《まんじゅうがさ》をかぶり黒衣に身を包んだ一人の僧だった──。『地獄の法』著者による新たな書き下ろし小説。

大川隆法
小説
地獄和尚
「あいや、待たれよ。」
闇の中に響く錫杖の音――
饅頭笠をかぶった僧が、立ちはだかった。
『地獄の法』の著者・大川隆法による
新たな書き下ろし小説。

1,760円

幸福の科学出版

# 幸福の科学グループのご案内

**宗教、教育、政治、出版などの活動を通じて、地球的ユートピアの実現を目指しています。**

## 幸福の科学

一九八六年に立宗。信仰の対象は、地球系霊団の最高大霊、主エル・カンターレ。世界百六十八カ国以上の国々に信者を持ち、全人類救済という尊い使命のもと、信者は、「愛」と「悟り」と「ユートピア建設」の教えの実践、伝道に励んでいます。

（二〇二三年三月現在）

### 愛

幸福の科学の「愛」とは、与える愛です。これは、仏教の慈悲《じひ》や布施《ふせ》の精神と同じことです。信者は、仏法真理をお伝えすることを通して、多くの方に幸福な人生を送っていただくための活動に励んでいます。

### 悟り

「悟り」とは、自らが仏の子であることを知るということです。教学《きょうがく》や精神統一によって心を磨き、智慧《ちえ》を得て悩みを解決すると共に、天使・菩薩《ぼさつ》の境地を目指し、より多くの人を救える力を身につけていきます。

### ユートピア建設

私たち人間は、地上に理想世界を建設するという尊い使命を持って生まれてきています。社会の悪を押しとどめ、善を推し進めるために、信者はさまざまな活動に積極的に参加しています。

国内外の世界で貧困や災害、心の病で苦しんでいる人々に対しては、現地メンバーや支援団体と連携して、物心両面にわたり、あらゆる手段で手を差し伸べています。

年間約２万人の自殺者を減らすため、全国各地で街頭キャンペーンを展開しています。

公式サイト　**www.withyou-hs.net**

**自殺防止相談窓口**

受付時間　火～土:10～18時（祝日を含む）

TEL　**03-5573-7707**　メール　**withyou-hs@happy-science.org**

ヘレン・ケラーを理想として活動する、ハンディキャップを持つ方とボランティアの会です。視聴覚障害者、肢体不自由な方々に仏法真理を学んでいただくための、さまざまなサポートをしています。

公式サイト　**www.helen-hs.net**

## 入会のご案内

幸福の科学では、大川隆法総裁が説く仏法真理《ぶっぽうしんり》をもとに、「どうすれば幸福になれるのか、また、他の人を幸福にできるのか」を学び、実践しています。

**入会**

### 仏法真理を学んでみたい方へ

大川隆法総裁の教えを信じ、学ぼうとする方なら、どなたでも入会できます。入会された方には、『入会版「正心法語《しょうしんほうご》」』が授与されます。
入会ご希望の方はネットからも入会申し込みができます。
**happy-science.jp/joinus**

**三帰《さんき》誓願《せいがん》**

### 信仰をさらに深めたい方へ

仏弟子としてさらに信仰を深めたい方は、仏《ぶっ》・法《ぽう》・僧《そう》の三宝《さんぼう》への帰依を誓う「三帰誓願式」を受けることができます。三帰誓願者には、『仏説・正心法語』『祈願文《きがんもん》①』『祈願文②』『エル・カンターレへの祈り』が授与されます。

幸福の科学 サービスセンター
TEL 03-5793-1727（受付時間／火～金:10～20時　土・日祝:10～18時（月曜を除く））

幸福の科学 公式サイト
happy-science.jp

# ハッピー・サイエンス・ユニバーシティ

Happy Science University

**ハッピー・サイエンス・ユニバーシティとは**

ハッピー・サイエンス・ユニバーシティ（HSU）は、
大川隆法総裁が設立された「日本発の本格私学」です。
建学の精神として「幸福の探究と新文明の創造」を掲げ、
チャレンジ精神にあふれ、新時代を切り拓く人材の輩出を目指します。

人間幸福学部　経営成功学部　未来産業学部

**HSU長生キャンパス** TEL **0475-32-7770**
〒299-4325　千葉県長生郡長生村一松丙 4427-1

未来創造学部

**HSU未来創造・東京キャンパス**
TEL **03-3699-7707**
〒136-0076　東京都江東区南砂2-6-5　公式サイト **happy-science.university**

# 学校法人 幸福の科学学園

学校法人 幸福の科学学園は、幸福の科学の教育理念のもとにつくられた教育機関です。人間にとって最も大切な宗教教育の導入を通じて精神性を高めながら、ユートピア建設に貢献する人材輩出を目指しています。

**幸福の科学学園**

**中学校・高等学校（那須本校）**
2010年4月開校・栃木県那須郡（男女共学・全寮制）
TEL **0287-75-7777** 公式サイト **happy-science.ac.jp**

**関西中学校・高等学校（関西校）**
2013年4月開校・滋賀県大津市（男女共学・寮及び通学）
TEL **077-573-7774** 公式サイト **kansai.happy-science.ac.jp**

## 仏法真理塾「サクセスNo.1」

全国に本校・拠点・支部校を展開する、幸福の科学による信仰教育の機関です。小学生・中学生・高校生を対象に、信仰教育・徳育にウエイトを置きつつ、将来、社会人として活躍するための学力養成にも力を注いでいます。

TEL 03-5750-0751（東京本校）

## エンゼルプランV

東京本校を中心に、全国に支部教室を展開。信仰をもとに幼児の心を豊かに育む情操教育を行い、子どもの個性を伸ばして天使に育てます。

TEL 03-5750-0757（東京本校）

## エンゼル精舎

乳幼児が対象の、託児型の宗教教育施設。エル・カンターレ信仰をもとに、「皆、光の子だと信じられる子」を育みます。
（※参拝施設ではありません）

## 不登校児支援スクール「ネバー・マインド」

TEL 03-5750-1741

心の面からのアプローチを重視して、不登校の子供たちを支援しています。

## ユー・アー・エンゼル！（あなたは天使！）運動

障害児の不安や悩みに取り組み、ご両親を励まし、勇気づける、障害児支援のボランティア運動を展開しています。

一般社団法人 ユー・アー・エンゼル
TEL 03-6426-7797

### NPO活動支援

学校からのいじめ追放を目指し、さまざまな社会提言をしています。また、各地でのシンポジウムや学校への啓発ポスター掲示等に取り組む一般財団法人「いじめから子供を守ろうネットワーク」を支援しています。

公式サイト mamoro.org　ブログ blog.mamoro.org
相談窓口 TEL.03-5544-8989

---

## 百歳まで生きる会～いくつになっても生涯現役～

「百歳まで生きる会」は、生涯現役人生を掲げ、友達づくり、生きがいづくりを通じ、一人ひとりの幸福と、世界のユートピア化のために、全国各地で友達の輪を広げ、地域や社会に幸福を広げていく活動を続けているシニア層（55歳以上）の集まりです。

【サービスセンター】TEL 03-5793-1727

## シニア・プラン21

「生涯現役人生」を目指すための「百歳まで生きる会」の研修部門として、活動しています。心を見つめ、新しき人生の再出発、社会貢献を目指しています。

【サービスセンター】TEL 03-5793-1727

# 幸福実現党

幸福実現党 釈量子サイト
**shaku-ryoko.net**
Twitter **釈量子@shakuryoko**で検索

内憂外患《ないゆうがいかん》の国難に立ち向かうべく、2009年5月に幸福実現党を立党しました。創立者である大川隆法党総裁の精神的指導のもと、宗教だけでは解決できない問題に取り組み、幸福を具体化するための力になっています。

## 幸福実現党 党員募集中

あなたも幸福を実現する政治に参画しませんか。

＊申込書は、下記、幸福実現党公式サイトでダウンロードできます。
住所：〒107-0052　東京都港区赤坂2-10-8 6階 幸福実現党本部
TEL **03-6441-0754**　FAX **03-6441-0764**
公式サイト **hr-party.jp**

# HS政経塾

大川隆法総裁によって創設された、「未来の日本を背負う、政界・財界で活躍するエリート養成のための社会人教育機関」です。既成の学問を超えた仏法真理を学ぶ「人生の大学院」として、理想国家建設に貢献する人材を輩出するために、2010年に開塾しました。現在、多数の市議会議員が全国各地で活躍しています。

TEL **03-6277-6029**
公式サイト **hs-seikei.happy-science.jp**

# 出版 メディア 芸能文化 幸福の科学グループ

## 幸福の科学出版

大川隆法総裁の仏法真理の書を中心に、ビジネス、自己啓発、小説など、さまざまなジャンルの書籍・雑誌を出版しています。他にも、映画事業、文学・学術発展のための振興事業、テレビ・ラジオ番組の提供など、幸福の科学文化を広げる事業を行っています。

アー・ユー・ハッピー？
**are-you-happy.com**

ザ・リバティ
**the-liberty.com**

幸福の科学出版
TEL **03-5573-7700**
公式サイト **irhpress.co.jp**

**ザ・ファクト**
マスコミが報道しない
「事実」を世界に伝える
ネット・オピニオン番組

ザ・ファクト 検索

## ニュースター・プロダクション

NEW STAR PRODUCTION

「新時代の美」を創造する芸能プロダクションです。多くの方々に良き感化を与えられるような魅力あふれるタレントを世に送り出すべく、日々、活動しています。 公式サイト **newstarpro.co.jp**

## ARI《アリ》 Production《プロダクション》

タレント一人ひとりの個性や魅力を引き出し、「新時代を創造するエンターテインメント」をコンセプトに、世の中に精神的価値のある作品を提供していく芸能プロダクションです。 公式サイト **aripro.co.jp**

## 大川隆法　講演会のご案内

大川隆法総裁の講演会が全国各地で開催されています。講演のなかでは、毎回、「世界教師」としての立場から、幸福な人生を生きるための心の教えをはじめ、世界各地で起きている宗教対立、紛争、国際政治や経済といった時事問題に対する指針など、日本と世界がさらなる繁栄の未来を実現するための道筋が示されています。

2022年7月7日 さいたまスーパーアリーナ
「甘い人生観の打破」

2019年7月5日 福岡国際センター
「人生に自信を持て」

2019年10月6日 ザ ウェスティン ハーバー キャッスル トロント（カナダ）
「The Reason We Are Here」

2011年3月6日 カラチャクラ広場（インド）
「The Real Buddha and New Hope」

2019年3月3日 グランド ハイアット 台北（台湾）
「愛は憎しみを超えて」

講演会には、どなたでもご参加いただけます。
最新の講演会の開催情報はこちらへ。⟹

大川隆法総裁公式サイト
https://ryuho-okawa.org